LA FAMILLE BEAUVAU

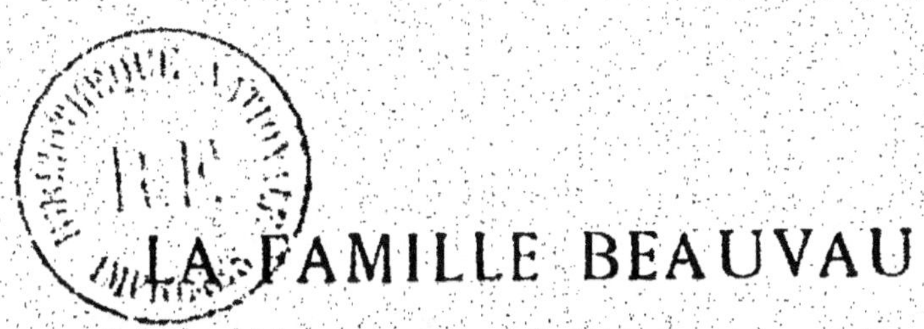

LA FAMILLE BEAUVAU

Offert à M...

Souscripteur du Clocher.

L'Abbé DOYOTTE,
Curé-Doyen de Haroué.

LE PRINCE DE BEAUVAU

Le prince Charles de Beauvau est décédé à Paris, le 13 mars 1864. Les funérailles ont eu lieu à Haroué.

L'oraison funèbre a été prononcée par le respectable abbé Harmand, qui est mort à Pont-à-Mousson.

Quand on parcourt la récente histoire du Sénat, on est surpris, disons plus, on est péniblement affecté de voir que M. le prince de Beauvau y occupe une si petite place, car quelques lignes seulement lui sont consacrées, tandis que l'historien s'étend avec complaisance sur la famille et la vie des autres sénateurs. Cette lacune serait injuste et vraiment regrettable, si elle était l'effet d'un caprice de l'historien ; mais elle est tout à l'honneur de l'illustre compatriote dont nous pleurons la perte.

C'était en 1860. Le prince, en visitant les travaux d'embellissement qu'on exécutait dans son magnifique château de Craon, venait de faire une chute dont les suites lui ont été fatales. Sur ces entrefaites, M. Tisseron, historiographe du Sénat, lui écrivit pour lui demander des renseignements détaillés sur sa famille, ses campagnes et ses missions diplomatiques. Le prince, dont la modestie égalait le mérite, ne voulait point accéder à ce désir et déclara que jamais il ne consentirait à fournir les moindres matériaux pour élever un monument à sa mémoire. Je fus prié de communiquer à qui de droit cette détermination ; voici la lettre que j'envoyai à ce sujet :

« A M. Tisseron, historiographe du Sénat. »

« Vous ignorez probablement le terrible accident qui est arrivé à M. de Beauvau. Sa santé est sérieusement compromise. Pendant sa maladie, je suis chargé de répondre à toutes les lettres qui lui sont adressées. Je ne puis donc, à mon grand regret, vous donner, par moi-même, les renseignements complets et précis que vous sollicitez, et dont vous avez besoin pour terminer l'important travail que vous annoncez au public. Je m'en tiens aux faits généraux.

« La famille princière est originaire d'Anjou. Le premier nom historique de cette famille date de l'époque des Croisades ; c'est Foulques de Beauvau, qui périt au siège de Saint-Jean-d'Acre. Quand René d'Anjou fut appelé à régner en Lorraine, la branche dont sort le prince vint s'y établir avec lui. Elle compte dans son sein de hautes illustrations : des maréchaux de France, des prélats, des ambassadeurs, des connétables, un vice-roi de Toscane, etc...

« Le prince actuel, Charles-Juste-François Victurnien, entra au service à l'âge de dix-huit ans, avec une sous-lieutenance que lui avait envoyée l'Empereur. Il fit la périlleuse campagne de Russie et fut laissé pour mort sur le champ de bataille de Winkowo, le 18 octobre 1812. Après avoir été officier d'ordonnance du roi Murat, il rentra dans son régiment. Puis il fut nommé aide-de-camp du duc de Feltre ministre de la guerre, et chargé par lui de plusieurs missions diplomatiques en Espagne, sur les bords du Rhin, et auprès du maréchal Soult. A l'entrée des alliés en France, il donna sa démission et renonça à la carrière des armes. Il resta complètement étranger à la politique sous la Restauration et ne reparut sur la scène, que lorsque Napoléon III lui offrit le fauteuil de sénateur.

« Il est, depuis dix ans, président du Conseil général de la Meurthe et membre du Conseil académique de Nancy.

« Voilà, Monsieur, les seuls détails que je sois à même de vous transmettre ; je n'ai pu en obtenir de plus circonstanciés de la bouche du prince. Il a en horreur (le mot n'est pas trop fort) toute publication élogieuse, et ne voudrait y aider en aucune façon. Sa modestie s'en effaroucherait. »

M. Tisseron respecta scrupuleusement la volonté de M. le prince de Beauvau, et se borna à reproduire presque textuellement cette lettre laconique, qui est loin, sans doute, d'être une biographie intéressante, mais qui, en revanche, témoigne de la modestie de notre sénateur. L'humilité chrétienne est une fleur délicate qui voudrait se cacher; le doux parfum qu'elle exhale, la fait partout découvrir.

Dans le moment même où il refusait de livrer les documents si précieux de sa biographie, il continuait, quoique épuisé par la souffrance, de se dévouer aux intérêts de ses innombrables solliciteurs. « Je puis encore être utile, c'est mon devoir, j'y serai toujours fidèle. » Ces nobles paroles, qu'il répétait souvent avec une touchante simplicité, sont l'expression de toute sa vie.

En temps ordinaire, il était le mandataire général du département ; mais, pendant cette cruelle maladie qui ne lui laisse pas un instant de relâche, sans doute il va renoncer à ses actes de bienfaisance ? Ne le croyez pas. Il ne peut plus écrire lui-même, c'est vrai ; mais il aura recours à une plume étrangère et il prendra part, autant que ses forces le lui permettront, à la rédaction de sa correspondance, où l'on retrouve toutes les qualités du style épistolaire, c'est-à-dire la simplicité, l'aisance et le naturel.

Une foule de personnes avaient eu hâte de lui adresser leurs condoléances à l'occasion du funeste accident qui le clouait sur son lit ; elles ne s'attendaient pas à une réponse, assurément. Jugez de leur agréable surprise, lorsque peu de temps après, elles recevaient, du château de Haroué, une lettre des plus gracieuses et des plus rassurantes, qui était revêtue de sa signature.

Il était heureux de répondre à ses collègues du Conseil général, qui s'étaient émus et qui brûlaient d'avoir des nouvelles d'une santé si précieuse.

Il continuait ses nombreuses relations avec tous les ministères, la préfecture, l'académie... en faveur des militaires, des professeurs et des fonctionnaires de tous ordres. Sa correspondance était considérable et il lui fallait un dévouement, une charité sans bornes, une véritable passion du bien, pour suivre ces mille affaires qui lui étaient soumises.

« J'ai parlé au prince, disait-on, il est bien malade, mais il m'a promis de ne pas m'oublier, je suis tranquille. » Qui pourra dire tout le bien qu'il a fait par sa puissante intervention, par sa persévérance et par son infatigable activité ! C'était le sentiment chrétien qui le dirigeait et le soutenait dans ses bonnes œuvres. Mme la Princesse, étonnée et ravie, disait quelquefois. « Si le prince travaille pour la gloire de Dieu, il sera un saint, car ses journées sont pleines. »

Sa foi était solide, ses convictions profondes; il avait sucé avec le lait l'amour de la religion sur les genoux de son auguste mère et sous la direction de l'abbé de Latour-Maubourg, son précepteur. A ses convictions, il joignait la pratique, et toute sa vie il remplit ses devoirs de chrétien. Lorsqu'il fut paralysé des jambes, il ne se crut point dispensé d'assister à la messe. C'était un spectacle touchant de voir ce bon prince porté dans un fauteuil à l'église paroissiale ! Les habitants de Haroué ne pouvaient s'empêcher de laisser éclater leur admiration. Cet exemple de piété encourageait les bons et faisait rougir les indifférents.

Il témoignait aux autres préceptes de l'Eglise la même obéissance. Après sa déplorable chute, il ne voulut jamais faire gras le vendredi ; et quand on l'engageait, au nom de sa santé, à prendre une nourriture plus fortifiante, il répondait simplement : « Cela n'est pas nécessaire, je ne suis pas assez malade. »

Il demeura constamment fidèle aux pieuses traditions de sa famille, et à sa noble et fière devise : « *Sans départir.* » Aussi sa mort a-t-elle été chrétienne comme sa vie. M. l'abbé Deguerry, curé de la Madeleine, après lui avoir donné le saint Viatique, dit avec émotion : « Je désire que ma mort ressemble à celle du prince de Beauvau. »

Rome lui était particulièrement chère. Il comprenait la justice de la cause du Souverain-Pontife; il déplorait sa triste situation, blâmait les spoliateurs, et admirait l'attitude ferme et résignée de Pie IX. Il en fournit une preuve éclatante, dans la séance mémorable où les sénateurs catholiques défendirent avec tant d'éloquence la cause de la Papauté.

Disons-le bien haut : il fut au Sénat l'un des 61, comme son fils le prince Marc fut au Corps législatif l'un des 91 qui se prononcèrent courageusement en faveur du pouvoir temporel. C'est, pour le prince, et pour la famille princière, le plus beau des titres devant la postérité.

Haroué, le 28 Mars 1864.

L'Abbé DOYOTTE,

Aumônier du Château de Haroué.

LA PRINCESSE DE BEAUVAU

Le 4 juillet 1882, ont eu lieu les funérailles de Mᵐᵉ Eugénie-Ludurille de Komar, Princesse de Beauvau, décédée à Paris, le 13 novembre 1881, dans sa 62ᵉ année.

Le corps avait été ramené de Paris la veille et déposé dans la chapelle du château.

Un service solennel fut célébré à l'Eglise paroissiale, au milieu d'un grand concours de fidèles. Tous les habitants de Haroué étaient présents à la cérémonie.

On évalue à plus de 400 les étrangers accourus des villages voisins. — Les maires du canton et les notables de chaque commune se pressaient autour de la famille désolée. — Tous les prêtres du doyenné, de nombreux ecclésiastiques et quelques religieux étaient massés dans le chœur, autour du catafalque.

Mᵍʳ Trouillet, curé-doyen de la Basilique de Saint-Epvre, chanta la messe.

Mᵍʳ Turinaz, nouvellemenr arrivé à Nancy, assisté de M. Lorrain, chanoine titulaire, et de M. Doyotte, directeur du Grand-Séminaire, présida la cérémonie.

Sur l'invitation de Sa Grandeur, et comme ancien aumônier du château, je prononçai sur la tombe l'allocution suivante :

Habitants de Haroué,

Pendant cette funèbre cérémonie, les souvenirs se pressaient en foule dans mon âme attristée. Je me reportais naturellement à un passé dont je fus témoin et qui n'est pas encore loin de nous. Je voyais ce splendide château habité par une illustre famille, qui répandait autour d'elle la vie et l'abondance. La princesse en était l'ornement ; et aujourd'hui, nous lui rendons les derniers honneurs : « *Sic transit gloria mundi.* »

Il y a dix-huit ans, nous avons assisté, avec la Princesse, aux funérailles du prince Charles de Beauvau. Nous avons vu déposer son cercueil dans ce caveau solitaire, où il dormira son dernier sommeil jusqu'à la résurrection générale.

Après la mort de son époux, elle a quitté cette magnifique résidence où elle avait passé les belles années de sa seconde jeunesse, et elle s'en est allée tristement planter ailleurs sa modeste tente, pour y abriter son veuvage et sa douleur. Elle a compris, par sa propre expérience, les paroles de Job : « L'homme ne vit que peu de temps et il est rempli de misères », et ces autres de la sainte Écriture : « La vie de l'homme ici-bas est un long cri de douleur, qui commence au berceau et dont l'écho lamentable retentit jusqu'à la tombe. »

Depuis longtemps, la maladie ne lui laissait point de relâche. Nous sommes heureux de le dire, elle s'est préparée à la mort en vaillante chrétienne.

De son vivant, elle a eu le courage de faire creuser sa tombe qui va se refermer ; elle a choisi le lieu de sépulture et a réglé les détails du monument funèbre qui doit la couronner. Elle a voulu reposer au milieu de vous, chers paroissiens de Haroué, car elle vous aimait. Elle a pensé que vous auriez la reconnaissance du cœur, et qu'elle ne serait pas oubliée dans cette paroisse.

Non, mes frères, son attente ne sera pas déçue, j'en ai la confiance. Vous la regarderez, non pas comme une étrangère, mais comme une bienfaitrice et une compatriote. Lorsque vous viendrez vous agenouiller sur la tombe de vos aïeux, vous ne manquerez pas de déposer ici un souvenir et une prière, et vous demanderez, pour celle que nous pleurons, un lieu de rafraîchissement, de lumière et de paix.

Et maintenant, chère Princesse, dormez en paix sur ce sol de France, votre seconde patrie, cette terre hospitalière que Marie Stuart ne pouvait se

résoudre à quitter et qu'elle saluait par ces tou-
chantes paroles :

> *Adieu, plaisant pays de France,*
> *O ma patrie*
> *La plus chérie,*
> *Qui as nourri ma jeune enfance,*
> *Adieu ! France ! Adieu mes beaux jours !*

Dormez en paix à côté de votre bien-aimé frère Micislas, loin de votre chère Pologne, que vous n'osiez revoir, à cause de ses malheurs.

Dormez en paix au milieu de vos orphelines de prédilection (1), au milieu de nos paroissiens que vous avez connus et qui sont venus, avant vous, se coucher dans le champ de mort.

Adieu, chère Princesse, au nom de vos enfants éplorés, à qui la distance ne permettra point de venir souvent s'agenouiller sur votre tombe. Mais rassurez-vous, vous ne serez pas délaissée. Nous veillerons sur votre dépouille mortelle avec une filiale sollicitude, et nous prierons souvent pour le repos de votre âme.

Adieu, chère Princesse. Non, nous ne vous disons pas adieu, mais au revoir, au revoir dans la bienheureuse Eternité !

(1) Les enfants de l'Orphelinat agricole.

LE PRINCE MARC DE BEAUVAU

L'année suivante, il y eut un nouveau deuil dans la famille princière de Beauvau.

Le 13 juin 1883, nous rendions les derniers devoirs au Prince Marc-René-Antoine-Victurnien de Beauvau-Craon, Prince du St-Empire, Grand d'Espagne de 1re classe, ancien député au Corps législatif, ancien Président du Conseil général de la Sarthe, officier de la Légion d'Honneur, etc...

Il était fils du Prince Charles de Beauvau, ancien sénateur de l'Empire.

Selon son désir, son corps fut déposé dans le caveau de la chapelle sépulcrale, à côté de ses aïeux et de sa première épouse.

On remarquait à ses funérailles : MM. Henri Chevreau, ancien préfet de la Seine, Henri de Tracy, le Prince Murat, le marquis de Montboissier et le vicomte de Vignacourt, etc...

Au moment où le cortège funèbre arrivait au cimetière et avant que le cercueil fût descendu

dans le caveau, j'adressai mes adieux au cher dé-
funt devant l'assemblée émue et recueillie :

Habitants de Haroué,

Il y a 20 ans, nous assistions aux funérailles de
Catherine-Augustine d'Aubusson de la Feuillade,
première épouse de celui que nous pleurons en ce
moment.

Le Prince Marc était malade et ne put se rendre
à cette lugubre cérémonie. Mais à peine rétabli, il
accourt à Haroué et demande en grâce qu'on lui
permette de descendre dans ce caveau funéraire
pour adresser un suprême adieu à son épouse.

Selon le désir de la famille inquiète, je l'accom-
pagnai dans cette visite souterraine. Je le vis avec
émotion s'agenouiller sur la dalle froide et hu-
mide.

Je l'entendis réciter, d'une voix entrecoupée
de sanglots, la prière des morts, à la lueur d'une
petite lampe dont il avait eu la précaution de se
munir.

Trois fois, je l'invitai à sortir, et trois fois, il
me supplia de lui accorder encore quelques ins-
tants. Enfin je dûs le forcer à quitter cet asile de
la mort. En se relevant, il baisa le cercueil et
s'écria : « Au revoir et à bientôt ! »

Aujourd'hui, il accomplit sa promesse. Le voilà qui vient dormir son dernier sommeil à côté de celle qu'il a tant pleurée.

Qu'il me soit permis, mes frères, de vous rappeler un fait qui est tout à son honneur.

En 1860, le Pape Pie IX, trahi et persécuté, était dépouillé d'une grande partie de ses Etats. Le Prince Marc, alors député de la Sarthe, comprenant la justice de cette cause sacrée, blâmait les spoliateurs et admirait l'attitude ferme et résignée du Souverain-Pontife.

Il vota courageusement pour le maintien du pouvoir temporel, avec 91 de ses collègues, qui surent obéir à la voix de la conscience et de l'honneur.

Dans le même moment, son père le Prince Charles, dont la mémoire nous est toujours bien chère, fut l'un des 61 sénateurs qui, au nom des traditions de la France, la fille aînée de l'Eglise, s'opposèrent énergiquement à la spoliation de l'auguste Pie IX. C'est, pour la famille de Beauvau, le plus beau de ses titres devant la postérité.

Cher Prince, qui m'avez honoré de votre confiance, je prierai pour le repos de votre âme, comme vous le demandez dans votre pieux testament ; et j'unirai votre souvenir à celui de votre père.

Adieu, Prince, au nom de votre épouse éplorée, au nom de vos jeunes enfants et des membres de votre famille.

Au revoir, dans la bienheureuse éternité !

L'Abbé DOYOTTE,

Curé-Doyen de Haroué.

Nancy. Imp. de R. Vagner.